Bradong Azangue Ndonfack

La meilleure façon de faire la pâtisserie au quotidien Tome 1

Bradong Azangue Ndonfack

La meilleure façon de faire la pâtisserie au quotidien Tome 1

Plus de 35 recettes de pâtisserie certifiés facile à réaliser

Éditions Vie

Imprint
Any brand names and product names mentioned in this book are subject to trademark, brand or patent protection and are trademarks or registered trademarks of their respective holders. The use of brand names, product names, common names, trade names, product descriptions etc. even without a particular marking in this work is in no way to be construed to mean that such names may be regarded as unrestricted in respect of trademark and brand protection legislation and could thus be used by anyone.

Cover image: www.ingimage.com

Publisher:
Éditions Vie
is a trademark of
Dodo Books Indian Ocean Ltd. and OmniScriptum S.R.L publishing group

120 High Road, East Finchley, London, N2 9ED, United Kingdom
Str. Armeneasca 28/1, office 1, Chisinau MD-2012, Republic of Moldova, Europe
Printed at: see last page
ISBN: 978-613-9-59468-9

La Meilleure Façon de Faire la Pâtisserie au Quotidien

Dédicace spéciale à Mon Miel d'or
NAOUSSA Arielle

SOMMAIRE

Introduction générale à la pâtisserie

La pâtisserie est un art culinaire qui a vu son développement s'accélérer ces dernières années. Elle est devenue une véritable passion pour des millions de personnes dans le monde entier. La pâtisserie ne se limite pas à la simple préparation **de desserts**, maiselle englobe de nombreuses techniques et créations complexes. **Les pâtissiers et les chefs pâtissiers** sont des artistes de la cuisine,qui associent les ingrédients, les saveurs et les textures pour créerdes desserts qui émerveillent les papilles gustatives. Cette discipline demande **de la patience, de la précision, de la créativité et une grande maîtrise technique**. C'est pourquoi la pâtisserie estconsidérée comme un domaine à part entière de la cuisine, qui nécessite une formation spécifique pour atteindre l'excellence. Dans cette introduction générale en pâtisserie, nous allons explorer en détail les différents aspects de cet univers fascinant.

1. **Les ingrédients :** les ingrédients de base de la pâtisserie incluent la farine, le sucre, les œufs, le beurre, la levure, la poudreà pâte et les extraits aromatiques tels que la vanille. Les pâtissiers expérimentent souvent avec une variété d'ingrédients pour créer de nouveaux goûts et textures.

2. **Les techniques :** il y a une variété de techniques de pâtisserie utilisées pour créer différents types de pâtisseries tels que la cuisine, la cuisson, l'assemblage, la décoration, etc. Chacune de cestechniques exige de la patience, de la précision et de la vigilance.

3. **Les types de desserts :** il y a une variété de desserts dans l'univers de la pâtisserie, allant des tartes, des gâteaux, des cupcakes, des brownies, des macarons, des éclairs, des meringues,des choux, des entremets, des biscuits, des croissants et bien plusencore.

4. **La créativité :** la pâtisserie est un art créatif où les pâtissiers peuvent laisser libre cours à leur imagination en concevant des desserts d'apparence et de goût très différents.

5. **Les établissements :** les pâtisseries peuvent être trouvées dans une variété d'établissements, allant des boulangeries et des pâtisseries traditionnelles aux restaurants gastronomiques et aux hôtels de luxe.

NB : Dans l'ensemble, l'univers de la pâtisserie est vaste et diversifié, offrant des possibilités illimitées de délices sucrés et satisfaisants pour les papilles gustatives.

Il existe plusieurs astuces pour manger des pâtisseries sansprendre de poids excessif :

1. Manger avec modération : Il est important de limiter la quantité de pâtisseries que vous mangez, en évitant les excès. Vous pouvez par exemple vous offrir un petit plaisir sucré une fois par semaine.

2. Choisir les options les plus saines : Certaines pâtisseries sont moins caloriques que d'autres. Optez pour des options légères, telles que les fruits enrobés de chocolat noir, les biscuits à base de farine complète, les gâteaux sans sucre ajouté, etc.

3. Pratiquer une activité physique régulière : Pour contrôler votre poids et rester en forme, il est important de pratiquer une activité physique régulière. Vous pouvez faire du sport, marcher, faire du yoga, etc.

4. Éviter les additifs : Évitez les ingrédients qui peuvent aggraver le problème de surpoids, tels que les additifs alimentaires, les édulcorants artificiels, etc.

CHAPITRE I :

Matériels de pâtisserie ; équivalent de quelques mesures ; comment bien mesurer

I - KITS DE PATISSERIE

Pour réaliser un gâteau ou n'importe quel produit enpâtisserie, nous avons besoin primordialement des matériaux de base suivant :

- **Un four ou une marmite**
- **Un tamis**
- **Un saladier ou une bassine ou encore une assiettecreuse**
- **Une batteuse électrique (9000f) ou un robot mixeurpour pâtisserie (41000f)**
- **un fouet**
- **une spatule (3500f)**
- **une marise**
- **Un pinceau**
- **Des mesures pour liquides et pour poudre**
- **Une balance**
- **Un moule**
- **Un disque tournant (5500f)**
- **Douille de décoration**

- **Un couteau pâtissier bien lisse (3500) ou en dentelle**
- **Une planche et un rouleau**
- **Thermomètre de cuisson**
- **Une coiffe, toque, calot : pouvant couvrir l'intégralitédes cheveux**
- **Une veste blanche croisée (les manches doivent être àrabat afin de protéger les poignets)**
- **Un tour de cou absorbant (recommandé mais parfois abandonné)**
- **Un tablier couvrant les genoux**
- **Un pantalon**
- **Des chaussures couvrantes et confortables**

II- ÉQUIVALENTS DE QUELQUES MESURES EN PâTISSERIE

1 cuillère à soupe=

-15g de sucre, de farine, beurre

-12g de crème fraiche, huile

-3cl de liquide

-3cuilleres à café

1 cuillère à café =

-5g de sel, huile, sucre

-7g de beurre

-0,5cl de liquide

- 11g de levure chimique

1 noisette de beurre =5g

1 pincée de sel=3 à 5g

1 morceau de sucre=5g

III- COMMENT BIEN MESURER

Pour les liquides, nous devons verser le liquide dans la mesure appropriée jusqu'à ras bord. C'est mieux de le faire au-dessus d'un récipient diffèrent du récipient de notre mélange pour éviter d'en verser par erreur un peu plus requis.

Quand on finit avec un liquide, il faut nettoyer la mesure avec un essuie tout sec et propre avant réutilisation. Pour les poudres sèchescomme les farines, puiser avec votre mesure plus que prévu et utiliser une règle ou un couteau pourracler le dessus. Ainsi elle sera bien remplie. Pour les poudres humides comme les sucres ou graisseépaisses, puiser puis aplatissez votre sucre dans lamesure avant de racler le dessus.

CHAPITRE II :

GâTEAUX : CAKE NATURE ; CUPCAKES ; GÉNOISE

Un gâteau est une pâtisserie préparée à partird'une pâte sucrée cuite au four généralement dans un moule. Il peut être garni de crème, de fruits, de chocolatou de glaçage. Il se mange au gouter, ou à la fin du repas, au dessert. Le gâteau est généralement de forme ronde, ou carrée ou rectangle et plutôt plate.

RECETTE CAKE NATURE

RECETTE CAKE NATURE

- Ingrédients pour un moule de 23cm.
  - Farine: 280g
  - 4oeufs
  - Sucre : 150g
  - Huile : 150g
  - Lait : 125ml de lait liquide dilué
  - 1 sachet de sucre vanille ou une cuillère à café d'arôme liquide de votre choix
  - Une cuillère à café de levure à ras ou 10g

- Étapes de la préparation

❖ **Dans un saladier ajouter le beurre et le sucre puis battez jusqu'à ce que le mélange blanchisse et devienne bien mou**

❖ **Ajouter les œufs un a un et continuer à battre**

❖ **Ajouter le lait, l'arôme choisit et mélanger**

❖ **Mettez maintenant la farine plus la levure et bien mélanger en évitant les grumeaux**

❖ **verser votre préparation à l'intérieur du moule et laisser reposer 5 min le temps pour vous de chauffer votre four puis enfourner 30 à 35 min ;**

❖ **Retirer du four et laisser tiédir avant de le démouler ;**

RECETTE CAKE NATUF

<u>Nb :</u> cette recette est valable pour tous les gâteaux épissé (gâteaux yaourt, oranges, citron, noix de coco, fruits, vanille etc…) tout ce que vous souhaité, vous pouvezmême le rendre tout au chocolat ça dépendde vous.

RECETTE CUPCAKE

- INGRÉDIENTS POUR CUPCAKES

- 170g de farine
- 2oeufs
- 85g de sucre
- 70g d'huile
- 40g de beurre
- 60 ml de lait en liquide
- Demi-cuillère à café d'arôme vanille
- Demi-cuillère à café de levure chimique ou 7 g

Ce sont des petits gâteaux ronds moelleux recouverts d'un glaçage généralement très coloré. Pour réaliserla recette des cup cake, on utilise lapatte du cake nature et on prépare la crème pour garni le dessus des petits cup cake

RECETTE MUFFINS

Ce sont des petits gâteaux individuel qui s'apparent aux madeleines. Apparut au pays de Galle aux alentours du 11ièmesiècle, ils sont très rependu dans les pays angloxassone principalement aux Etats unis. La principale caractéristique des muffinsconsiste à préparer le mélange des ingrédients liquide et celui des ingrédients secs séparément puis mélangé grossièrement(pour que la patte soit un peu élastique) les deux préparations. Contrairement aux cupcake, les muffins n'ont jamais de glaçage.

RECETTE MUFFINS

- **Ingrédients pour six muffins**
- **// 190g de farine**
- **½ sachet de levure ou une ½ cuillère à café**
- **Deux gros œufs 90g de sucre en poudre**
- **125 ml de lait entier liquide //100 g de beurre fondu**
- **Une cuillère à café de vanille liquide ou 7,5 ml**
- **140 g de pépite de chocolat noir**
- **Une cuillère à soupe de cassonade (pour verser au-dessus de la préparation pour la brillance**

RECETTE MUFFINS

➢ PRÉPARATION

- **Préchauffer votre four**
- **Commencer à mélanger ensemble la farine, la levure, le sel et réserver**
- **Dans un autre récipient mélanger Les œufs, le sucre avec une Marise ou une cuillère en bois**
- **Ajouter le lait, le beurre fondu, la vanille liquide puis mélanger la farine, levure tamisé et une pincée de sel en mélangeant bien à chaque ajout**
- **Garder une poignée de pépite de chocolat à coté et incorporé le reste dans la patte ;**
- **Versé la patte dans les moules à muffins, fourré de petite caisse au choix (moule en papier) ;**
- **Répartissez ensuite les pépites de chocolat, laisser de côté et saupoudrer de cassonade ;**
- **Enfourné 5min au four bien chaud et diminuer la chaleur après les 5mim et laissez cuire environ 15min ;**
- **Retirer et laisser refroidir avant le démoulage.C'est près !!!**

RECETTE DE LA GENOISE

IV- GENOISE

La Génoise est un gâteau bienferme à l'extérieur et moelleux à l'intérieur. On distingue plusieurs types de génoise notamment la Génoise classique constituée de trois ingrédients essentiels (sucre, œufs ; farine) et qui est la plus utiliser. Mais nous constatons que la clientèle n'adore vraiment cela, raison pour laquelle nous avons augmenté d'autres ingrédients afin d'augmenter plus de

RECETTE DE LA GENOISE

➢ INGRÉDIENTS POUR UN MOULE DE 19 à20 CM

- **260g de farine**
- **4oeufs**
- **150g de sucre semoule**
- **130g d'huile**
- **40g de lait liquide dilué**
- **11g de levure chimique ou une cuillèreà café pleine de levure chimique**
- **7,5 ml d'arôme ananas**

➢ PRÉPARATION

❖ **Dans un saladier, mettre les œufs, le sucre et les aromes puis bien fouetter**

❖ **Augmenter ensuite l'huile et continuer de mélanger**

❖ **Ensuite la farine et la levure bien tamisée, mélangéavec un fouet ou une spatule en évitant les grumeaux**

❖ **Verser enfin le lait dilué et bien mélanger**

❖ **Verser votre préparation à l'intérieur du moule et laisser reposer 5 min le temps pour vous de chauffer votrefour puis enfourner 30 à 35 min ;**

❖ **Retirer du four et laisser tiédir avant de le démouler ;**

CHAPITRE 3 :

Biscuits : joli soi ; sablé ; cookies ; les macarons ; gaufrés

RECETTE DES BISCUITS

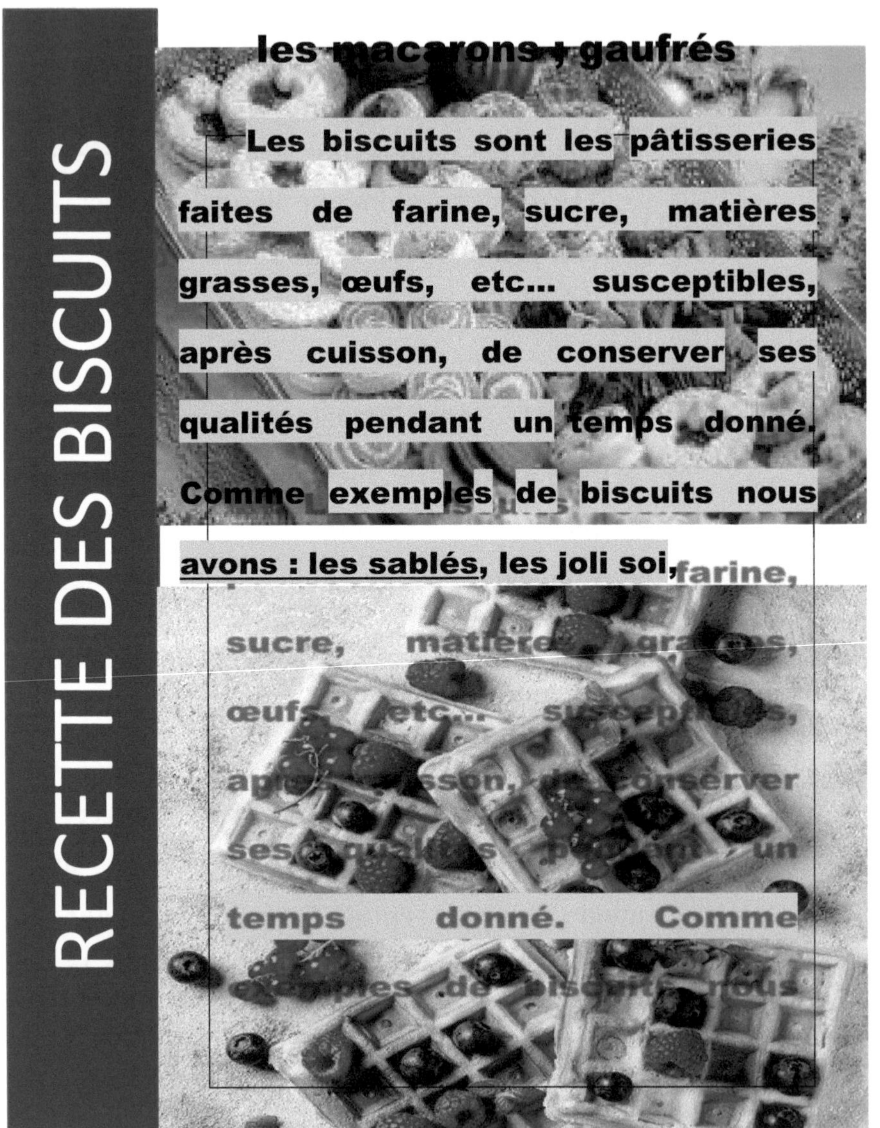

Les biscuits sont les pâtisseries faites de farine, sucre, matières grasses, œufs, etc... susceptibles, après cuisson, de conserver ses qualités pendant un temps donné. Comme exemples de biscuits nous avons : les sablés, les joli soi,

farine, sucre, matières grasses, œufs, etc... susceptibles, après cuisson, de conserver ses qualités pendant un temps donné. Comme exemples de biscuits nous

RECETTE JOLI SOI

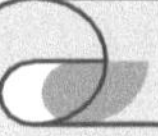

➢ INGRÉDIENTS

- **200g de farine (et réserver encore 100gde farine)**
- **100g de beurre //// 3oeufs**
- **5g de levure 50g de sucre**
- **3g d'arôme de votre choix**
- **Réserver de côté 1oeufs de plus, une petite quantité d'eau et de sucre pour la dorure**

RECETTE JOLI

Préparation

- Dans un saladier, mettre de la farine et la levure les deux tamisées ; puis former un creux afin de mettre les œufs à l'intérieur
- Ajouter l'arôme de votre choix
- Puis le beurre et mélanger
- Quant au 100g de farine réserver, ils seront utilisées pour ajouter dans la patte au fur et à mesure jusqu'à avoir les texture désirée et aussi ils seront aussi utiliser pour l'étalage si la nécessite s'impose (c'est-à-dire si la patte est collante)

RECETTE SABLE

II -SABLÉ

C'est un petit gâteau sec à pate friable, rond, de diamètre variable et souvent à bord cannelé.

Les ingrédients et la préparation pour les sablés restent les mêmes que celles des jolis soi à la seuledifférence que la patte doit être plus mole.

RECETTE JOLI COOKIE

➢ INGRÉDIENTS POUR 20 PERSONNES

- 250g de beurre
- 300g Chocolat
- 350g de farine
- Une pincée de sel
- 130g de sucre
- 3oeufs
- Une cuillère à café de levure Chimique

➢ PRÉPARATION

- Dans un saladier, on met le beurre, le sucre puis on fouette jusqu'à obtenir un mélange bien mou
- Puis introduire les œufs et mélanger
- Et enfin la farine et la levure et bien mélanger pouréviter les grumeaux
- Et verser le chocolat ou les arachides directementsur la pate
- Former ensuite les cookies selon la forme désirée et appliquer la dorure puis poser au four après lavoir préchauffé bien évidement et retirer après 3 à 5 minutes, en surveillant à partir les 3 premières, minutes

RECETTE MACARONS

V - MACARONS

Pour faire les macarons, nous devons être àmesure de faire une pate fouettée

INGRÉDIENTS POUR 10 MACARONS

- **3 œufs**
- **150g de beurre**
- **100g d'huile**
- **150g de sucre semoule**
- **175 g de farine avec une cuillère à café de levure chimique à ras**
- **Arome en fonction de la couleur dela crème que vous allez utiliser (<u>exemple</u> : -la couleur verte correspond à l'arôme mente ; - la couleur jaune correspond à l'arôme banane ; la couleur rose correspond à l'arôme fraise)**

RECETTE MACARONS

➢ PRÉPARATION

La préparation estidentique à celle d'un gâteau et la durée de préparation est de 3 à 5 minutes. Prévoir une crème

RECETTE GAUFRES

INGRÉDIENTS

- 250g de farine
- 7g de levure
- 40g de sucre glace
- 20g de sucre semoule
- 80 g beurre fondu
- 35g de lait
- 02 œufs
- Une pincée de sel et 20gd'huile

PRÉPARATION

- **Dans un saladier, ajouter le sucre semoule, le sucre glace, la farine, la levure, le beurrefondu, le lait et la pincée de sel**
- **Bien mélanger et garder dans un coin à température ambiante pendant 1heure**
- **Pui reprendre le travail**

CHAPITRE 4 :

LES CREMES

DIFFERENTS TYPES DE CREMES

L'appellation crème correspond à une teneur d'au moins 30% de matières grasse et l'appellation crème légère correspond à une teneur de 12à 30% de matière grasse.

En Afrique comme en Europe, les pâtissiers utilisent généralement sixtypes de crème : la crème pâtissière ; la crème d'Amande ; la Ganache ; la crème au citron ; la crème Anglaise ; la crème prise

LA CREME PATISSIERE

I- LA CREME PATISSIERE

INGRÉDIENTS

- **150g de lait liquide**
- **50g de farine**
- **30 g de maïzena**
- **100g de sucre semoule**
- **2 gros œufs**
  - **Une cuillère à café**
- **Une cuillère à café d'arôme vanille ou1sachet de sucre vanillé**
- **Une pincée de sel**

LA CREME PATISSIERE

➢ PRÉPARATION

- **Faire bouillir le lait avec la vanille**
- **Battre les œufs et le sucre jusqu'à ceque ça blanchisse**
- **Ajouter la farine et la maïzena et mélanger**
- **Verser dessus le demi du lait chaud**
- **Fouetter avec vitesse pour éviter qu'il ne forme des boules introduisez le demi du lait chaud etbien mélanger,**
- **Reverser ce mélange dans lacasserole du lait, remettez au feu doux pour faire épaissir en remuent3 à 5 min**
- **Verser celle-ci dans une assiette et filme au contact pour quelle ne croute pas**
- **Laisser la reposer au frais pendant24 H pour utiliser le lendemain**

LA CREME PATISSIERE

➢ DEUXIèME MÉTHODE DE PRÉPARATION

- **Mettre le lait dilué avec de l'eau au feu, la vanille et verser la farine**
- **Puis tourner en évitant les grumeaux**
- **Dans un autre saladier, mettre les œufs et le sucre etbien mélangé**
- **Ensuite verser le lait mélange de la farine qui était au feu etpuis ramener au sol**
- **Bien mélangée**
- **Et reposer au feu, bien mélanger jusqu'à obtenir la**
- **pate**

LA CREME PATISSIERE

N.B A base de la crème pâtissière nous pouvons avoir :

- Quelques tartes (tartes aux pommes)
- La crème mousseline (crème pâtissière plus crème au beurre)
- Crème diplomate (crème pâtissière plus la gélatine et la crème fouetté), la crème fouetté est un mélange de la crème extra légère et de beurre fouetté (jusqu'à ce que ça blanchisse) et le sucre glace.
- La crème frangipane : est un mélange de crème pâtissière et de crème d'amande

LA TARTE AUX POMMES

LA CREME MOUSSELINE

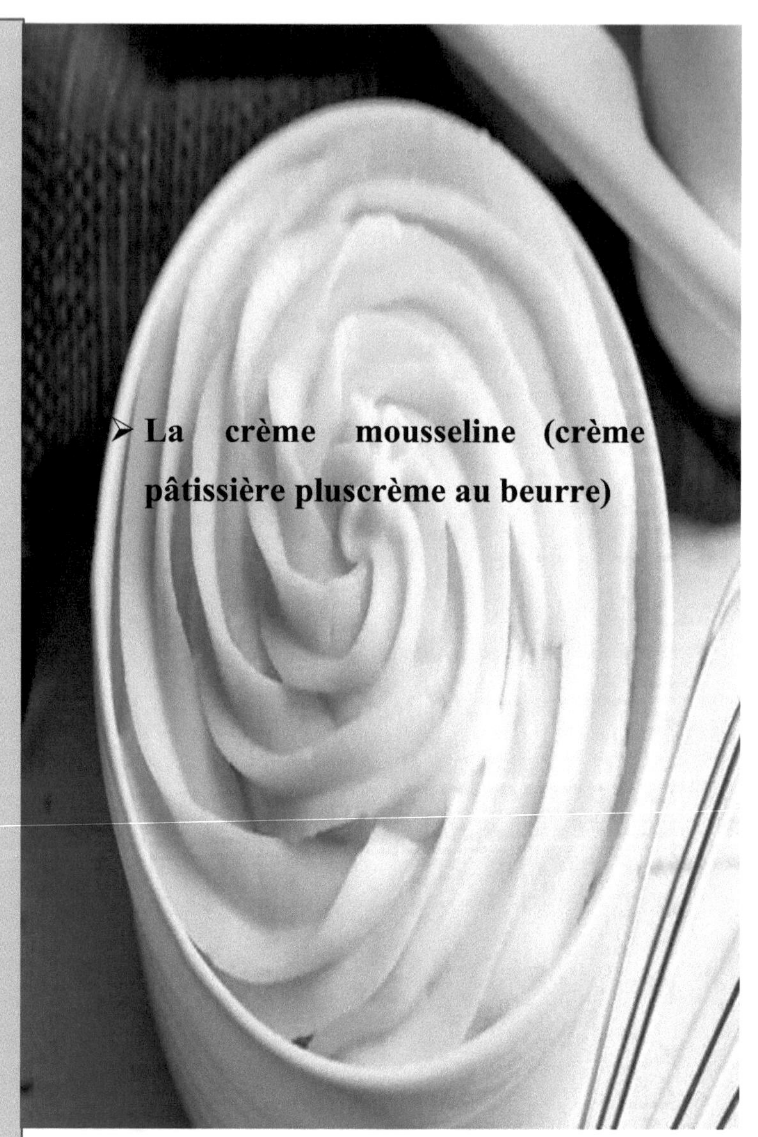

- **La crème mousseline (crème pâtissière pluscrème au beurre)**

➢ **Crème diplomate(crème pâtissièreplus la gélatine et la crème fouetté), la crème fouetté est un mélange de la crème extra légère et de beurrefouetté (jusqu'à ceque ça blanchisse)et le sucre glace.**

LA CREME FRANGIPANE

- **La crème frangipane : est un mélange decrème pâtissière et de crème d'amande .**

LA CREME MERINGUE

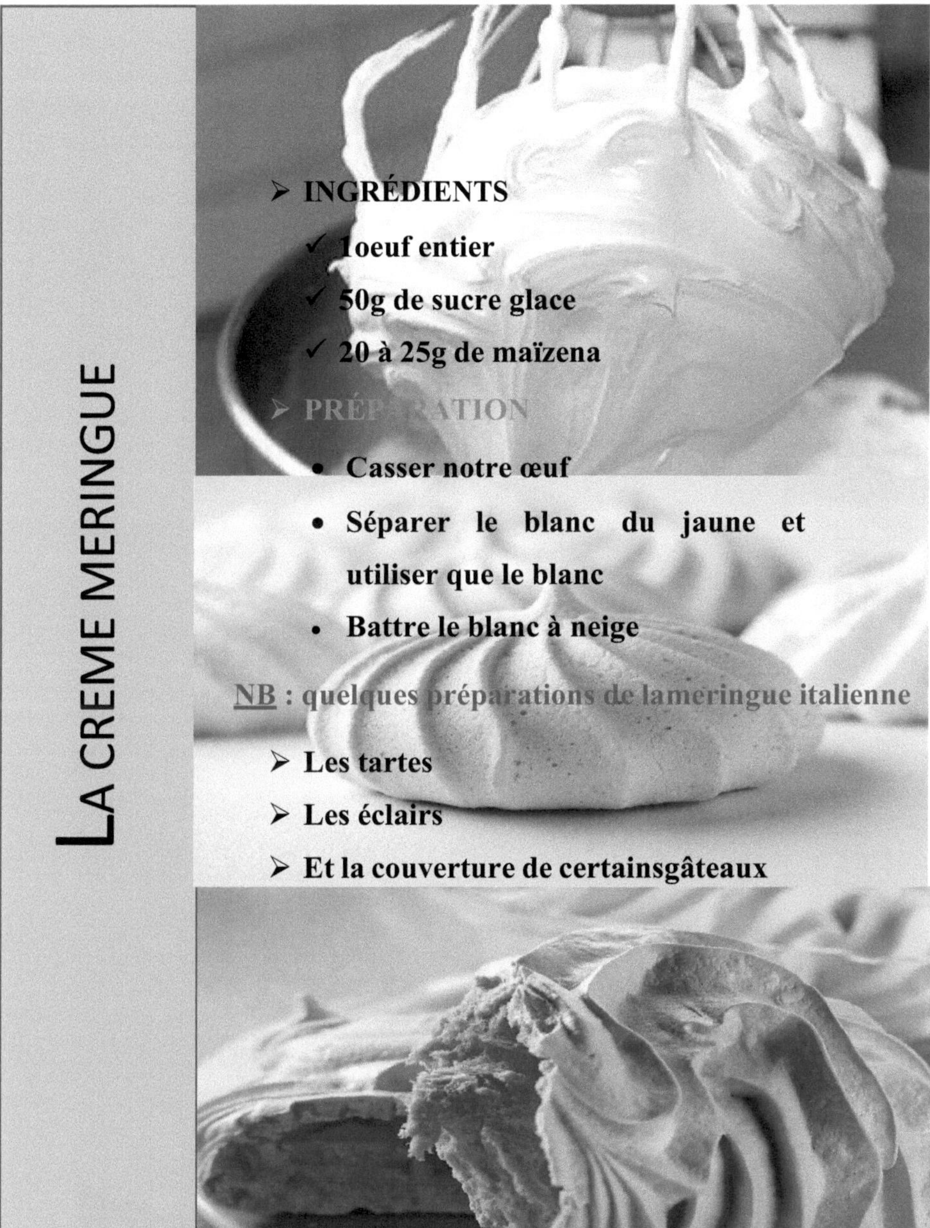

- **INGRÉDIENTS**
  - ✓ **1oeuf entier**
  - ✓ **50g de sucre glace**
  - ✓ **20 à 25g de maïzena**
- **PRÉPARATION**
  - **Casser notre œuf**
  - **Séparer le blanc du jaune et utiliser que le blanc**
  - **Battre le blanc à neige**

NB : quelques préparations de lameringue italienne

- **Les tartes**
- **Les éclairs**
- **Et la couverture de certainsgâteaux**

TARTE A LA CREME MERINGUE

LA CREME EXTRA LEGERE

❖ CRèME EXTRA LÉGèRE

C'est le mélange de crème pâtissière et dela crème chantilly. Pour avoir une excellente crème chantilly, le choix des ingrédients est important. Néanmoins, nous pouvons faire recours à de l'eau glacée pour avoir à peu près le même résultat.

➢ INGRÉDIENTS

- ✓ **Crème fraiche (5000f) ou unlitre de lait entier (1900f)**
- ✓ **La chantilly et du sucre glace**

➢ PRÉPARATION

- **Dans un robot mixeur, verser 100g d'eau ; 250g de chantilly ; puis on fouette jusqu'à ce qu'elle épaississe**

LA CREME AU BEURRE

LA CREME AU BEURRE

➢ QUELQUES ACCESSOIRES

1- **Poche à douille de taille moyennes (plus malléable), adaptateurs (C'est bien pour tenir la douille sur le sac), douilles et une brousse pour nettoyer les douilles.**

2-**spatule de pâtisserie ;**

3- **les colorants de votre choix ;**

4- **Les lisseurs pour bien lisser les bordures ;5-Un saladier ou une assiette creuse ;**

6-**Une batteuse électrique et ces fouets**

LA CREME AU BEURRE

- **Ingrédients pour demi-kg de beurre**
- ✓ **2oeufs entiers**
- ✓ **200 à 250g de sucre glace**
- ✓ **100g de lait en poudre (le lait LP de préférence)**
- ✓ **15g d'arôme de votre choix**
- **Préparation**
- **Dans le saladier de votre robot mixeur, mettre le beurre, l'arôme puis mélanger une spatule jusqu'à ça soit moue**
- **Incorporer les œufs entiers**
- **Bien fouetté jusqu'à ça blanchisse**
- **Ensuite mettre le sucre glace tamisé et continuer de bien fouetté**
- **Mettre le lait tamisé et l'arôme lait et bien fouetté jusqu'à obtenir un bonne crème blanche et souple**
- **Aider la machine à bien rendre votre crèmehomogène en remuent la crème trois àquatre fois avec une Marise ;**
- **Lorsque vous constater que votre crème à la texture désirer stopper la machine.**

Decoration des gateaux

DÉCORATIONS

Maintenant que nous avons notre crème, passons à la décoration. Tout d'abord il y a des préliminaires etensuite la décoration proprementdite.

1- Préliminaires

Déjà, nos cakes doivent avoir une surface uniforme. Pour cela il faut :

- **les mettre à niveau en coupant le dessus si le gâteau a gonflé jusqu'à donner la forme d'une pyramide.**
- **Ensuite pour avoir une bonne taille de gâteau nous pouvons superposer2 ou 3 cake de même taillé.**

Adelyne's Cakes

Décoration des gateaux

2- Décoration proprement dite

- La table tournante est importante pour la décoration. Vous n'aurez pas besoin d'être partout en même temps mais c'est le gâteau qui bougera.

- Pour décorer, placer vos cakes sur ces plateaux à gâteau. Vous pouvez trouver plus petite épaisseur. Ça permet de facilement transporter.

- La deuxième couche de crème. On la rend lise avec un objet droit, comme une ardoise. Vouspouvez utilise votre spatule aussi mais faite attention.

Crème ganache

II- LA CRèME GANACHE

La Ganache ou crème ganache est une préparation de chocolat et de crème liquide fraiche utilisé en pâtisserie. Dans sa forme plus simple, la ganache est un mélange de crème (ou parfois de lait ou de beurre, voir même un mélange des trois) et de chocolat, généralement en quantité à peu près égale. En refroidissant, lamasse prend une texture épaisse voir solide. La recette varie selon l'usage, plus il y a des chocolats par rapport à la crème, plus la ganache est solide

Crème ganache

Ingrédients

- ✓ **500g de crème liquide fraiche ou de lait entier**
- ✓ **800g de chocolat noir pâtissier ou chocolat en plaquette**
- ✓ **100g de beurre**

Préparation

- **Porter votre lait ou votre crème fraiche à ébullition**
- **Briser en petit morceaux votre chocolat si c'est en plaquette puis faire fondre au bain marine ou au micro-onde à basse température**
- **Verser 1/3 de la crème liquide chaude sur le chocolat fondus ;**
- **Mélanger vivement (fort) le tout à partir du centreen faisant un cercle avec une Marise ou un fouet afin d'émulsionner l'appareil en incorporant moins d'air possible ;**
- **Verser le deuxième 1/3 de crème liquide sur votre appareil ;**
- **Emulsionner à nouveau à partir du centre le chocolat et la crème fraiche ;**
- **Versé enfin le reste de la crème liquide sur votre appareil ;**
- **Emulsionner une dernière fois afin d'obtenir un mélange homogène ;**
- **Ajouter ensuite le beurre, bien mélanger jusqu'à obtenir une consistance épaisse**
- **Filmé et placer au frais puis utiliser**

Crème ganache

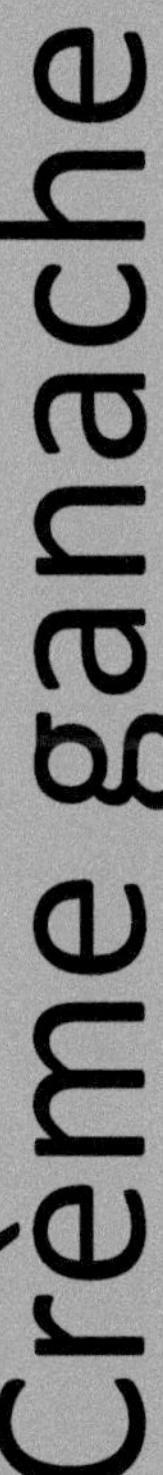

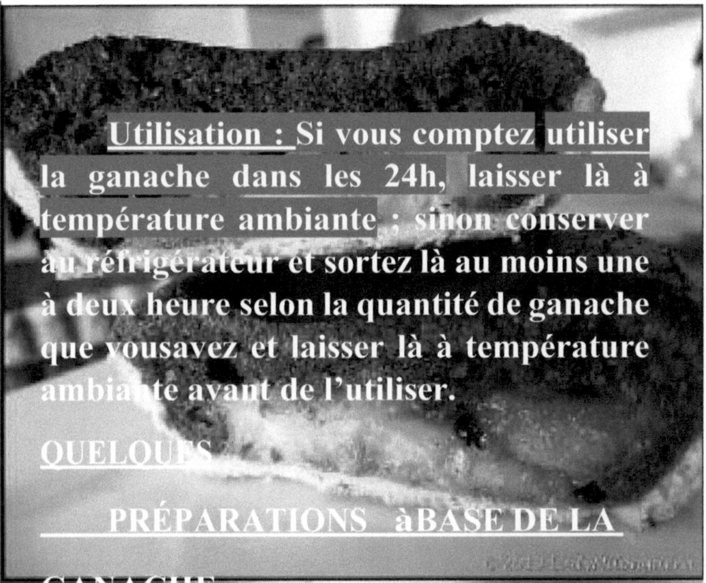

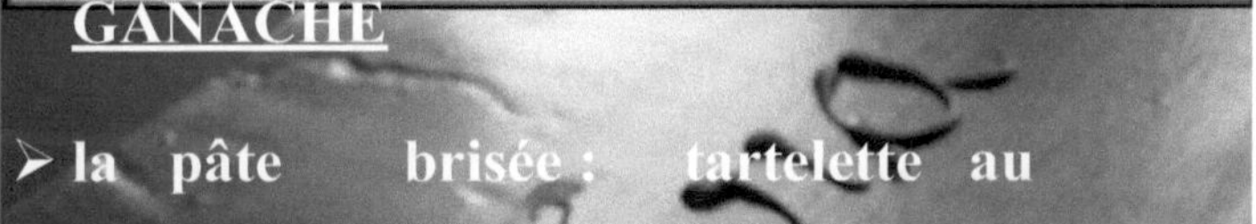

Utilisation : Si vous comptez utiliser la ganache dans les 24h, laisser là à température ambiante ; sinon conserver au réfrigérateur et sortez là au moins une à deux heure selon la quantité de ganache que vousavez et laisser là à température ambiante avant de l'utiliser.

QUELQUES PRÉPARATIONS àBASE DE LA GANACHE

- **la pâte brisée : tartelette au chocolat**

l'opéra ; les roulés

Crème au citron

➢ INGRÉDIENTS

✓ 7oeufs

✓ 350g sucre semoule

✓ 250 de jus de citron

✓ 200g de beurre

➢ PRÉPARATION

- bien mélanger les œufs
- porter le jus de citron et lebeurre à ébullition
- verser délicatement le mélange au sol sur les œufs
- reporter sur le feu doux pour qu'elle s'épaississe

Tarte au citron
Tarte au citron meringué
(patte braisé plus crème aucitron plus la meringue)
Tarte au citron

Crème

III- CRèME D'AMANDE

➢ INGRÉDIENTS

✓ 100g de sucre semoule

✓ 100g de sucre glace

✓ 100g de poudre d'amande

✓ 2oeufs

➢ PREMIèRE PRÉPARATION

- Écraser le beurre avec le sucre semoule
- Puis ajouter la poudre d'amande et le sucre glace
- Battre les 2 œufs entier et y ajoutez

➢ DEUXIèME PRÉPARATION

- Faire battre les œufs entiers avec du sucre semoule
- Ajouter la poudre d'amande, le sucre glace etle beurre

❖ **QUELQUES PRÉPARATIONS à BASE DE LA CRèME D'AMANDE**

➢ Les galettes des rois (à base de la pâte brasée)

Crème Anglaise

IV- CRèME ANGLAISE

➢ INGRÉDIENTS

- ✓ 1L de lait en poudre ou lait entier
- ✓ 8 œufs (les jaunes d'œufs)
- ✓ 200g de sucre
- ✓ Une gousse de vanille

➢ PRÉPARATION

- Faire bouillir le lait
- Blanchir le jaune d'œufs avec le sucre jusqu'àobtenir une préparation blanche et mousseuse(forme de bec d'oiseau)
- Verser le tiers du lait au sol pour l'étendre
- Rajouter le tout au feu ; et couvrir à feu doux jusqu'à obtenir une pâte épaisse
- Puis filmé et laisser au frais

❖ QUELQUES PRÉPARATIONS à BASE DE LA SAUCE ANGLAISE

➢ Tarte aux pommes

Crème Prise

V- CRèME PRISE

➢ INGRÉDIENTS

- ✓ 600g de lait liquide
- ✓ 6 œufs
- ✓ 200g de beurre
- ✓ 400g de sucre glace

➢ PREMIèRE PRÉPARATION

- Porter le lait à ébullition
- Ajouter du beurre à feu doux
- Blanchir les œufs avec du sucre
- Ajouter le lait à la préparation ausol ; passer au chinois avant de mettre au frais

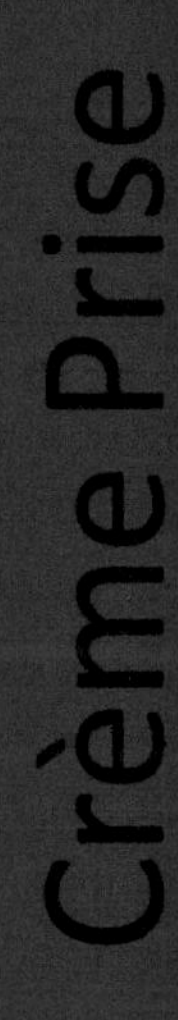

VI- cRèME PRISE

- **DEUXIèME ASTUCE**

➢ INGRÉDIENTS

✓ 600g de lait liquide
✓ 400g de lait en poudre
✓ 200g de beurre
✓ 200g de sucre glace
✓ 06 œufs

➢ PRÉPARATION

- mélanger le lait liquide et en poudre à ébullition
- ajouter le beurre pour fondre
- blanchir les œufs avec le sucre
- descendre le mélange de lait, ajouter les œufs et le sucre fouetté
- puis garder au frais

CHAPITRE 5 :
BEIGNETS SOUFFLÉS ; LES
CROISSANTS ; NEMS ET SAMOUSSAS

RECETTE BEIGNETS SOUFLES

➢ INGRÉDIENTS POUR UN KILO DE FARINE

- **10 œufs**
- **200g de beurre**
- **350g de sucre**
- **200g de yaourt**
- **Noix de muscade petite quantité**
- **Arome vanille et arome lait en poudre**
- **Zestre de citron**
- **25g de levure chimique**

➢ PRÉPARATION

- **Dans un saladier casser les œufs puis rajouter le sucre et le zestre de citron**
- **Bien remuer jusqu'à ce que le mélange soit homogène**
- **Y ajouter la moitié de la farine avec la petite quantité de noix de ,muscade que vous avez prévupuis mélanger soit avec un fouet à main ou votrepropre main**
- **Ajouter ensuite le beurre mélanger puis une partie du yaourt**
- **Apres avoir bien mélangé, mettez le reste de farine, mélanger davantage puis le reste de yaourt et mélanger jusqu'à consistance désirée**
- **Poser une casserole au feu puis y ajouter 1 /2L d'huile raffinée, laissez chauffer puis cuire vos beignets**
- **Apres que vos beignets soient totalement cuits retirez-les et mettez-les sur un papier absorbant puis laissez les refroidir**

Bon appétit

II- LES CROISSANTS

RECETTE DES CROISSANTS

Un croissant est une viennoiserie à base d'une pate levée ou (feuilletée), abaissée en triangle, roulé sur elle-même et incurvé en forme de croissant de lune

➢ INGRÉDIENTS POUR 10 PERSONNES

- **200g de lait**
- **03 œufs**
- **150g de farine**
- **40g de sucre**
- **Une pincée de sel**
- **80g de beurre**
- 10g de levure boulangère

NB : prévoir 200g de farine pour travailler la patte et 20g d'eau tiède pour activer la levure

➢ PRÉPARATION

- **Dans une saladiere, verser le lait, la levure sèche, les œufs, l'huile, le sucre, le sel et bien mélanger**
- **Ensuite mettre la farine et continuer de mélanger jusqu'à obtenir la consistance désirée**
- **Filmer et poser pendant une heure au frais si possible**
- **Puis abaisser et tourrer la pâte feuilletée**
- **Les découper sous forme triangulaire**
- **Laisser gonfler pendant 20 minutes**
- **appliquer la dorure et verser les vermicelles au-dessus et poser au four à une température de 180 degré pendant 20 minutes**

RECETTE DES NEMS ET SAMOUSSAS

➢ INGRÉDIENTS

- **Feuilles de riz**
- **Une farce**
- **Huile de friture**

Feuilles de riz : pour faire la feuille de riz, il nous faut une pouelle en tefal et un pinceau de 50g

- ✓ **Préparation de la patte pour réaliser les feuilles de riz**
- ✓ **Ingrédients : 100g de farine ; 225g d'eau et une petite quantité de beurre pour beurré la pouelle**

RECETTE FACRE POUR LES NEMS DE BŒUFS

Préparation de la farce :

Pour la réaliser, il faut beaucoup d'herbes (250f) majoritairement composé de poireau et découper finement, un thon de 1500f ou la viande de bœufs achée et y compris le poireau de 100f une fois de plus ; prévoir aussi les carottes (250f) les râpés finement à la taille du poisson ou de la viande.

Après avoir bouilli la viande ou le poisson, mettre l'ensemble des herbes, des carottes râpés, épices, oignons et ajouté un peu d'eau dans la marmite et faire cuire la préparation délicatement sans bruler de façon à ce que l'eau sèche entièrement puis mettre du cube et du sel et enfin ramener au sol et laisser que cela se refroidisse.

ENROBER LES NEMS

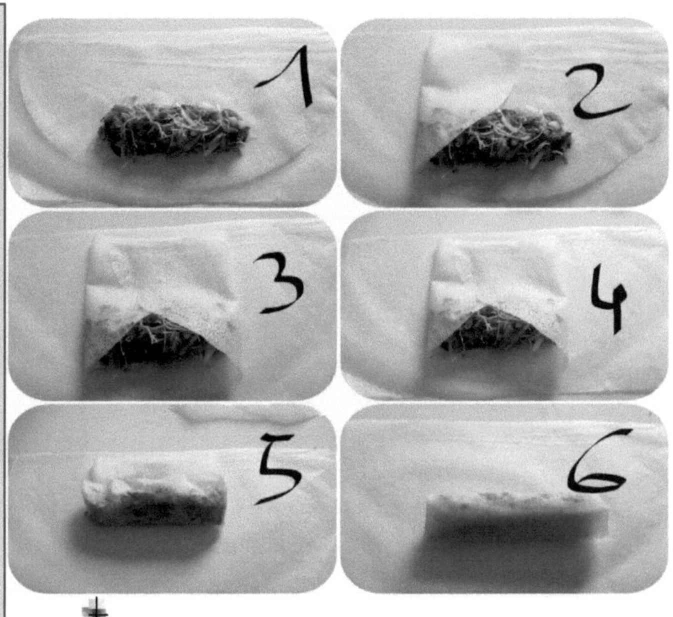

Enrobage

Prendre les feuilles de riz, l'étaler et y ajouter une cuillère à manger de farce sur laface qui nous regarde. Puis rouler une fois devant nous, ensuite plier les deux cotés horizontalement de façon à obtenir un rectangle et plier devant soi jusqu'à la fin et obtenir les nems et enfin place à la friture !!!

ENROBER LES SAMOUSSAS

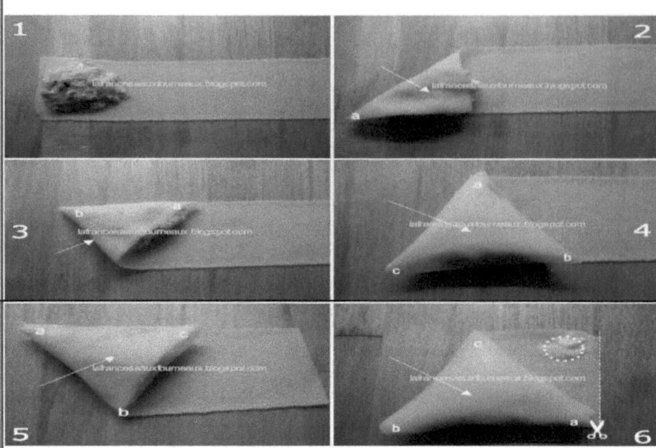

Quant aux samossas, la farce contient plus de carottes et aussi les herbes avec le poisson ou la viande hachée.

L'enrobage est aussi différent : on plie d'abord les deux cotés (gaucheet droite) de façon à obtenir un rectangle ou un cylindre et laisser le milieu puis déposer la farce à l'extrémité qui se pose devant nous en forme de triangle ; puis on ramène de l'extérieur (sur le côté) vers l'intérieur jusqu'à la fin. Puis faire cuire dans l'huile

CHAPITRE 6 : LA PIZZA

➢ **INGRÉDIENTS**

- 500g de farine
- 40g de sucre
- 250g de lait liquide
- Une cuillère à café de sel
- 10g de levure sèche
- Ketchup ou tomate en sachet
- Mozzarella
- Viande hachée, persil basilic
- Tomates, oignons, poivrons découper en rondelle

CHAPITRE 6 : LA PIZZA

➢ **PRÉPARATION**

❖ **Après avoir préparé notre pate, nous devonsl'étaler finement en cercle puis déplacer sur votre plaque de cuisson que vous avez huiléeou pré beurré ou nous avons déposé le papier cuisson ensuite étaler le ketchup dessus finement**

❖ **Puis râper la mozzarella au-dessus, puis étaler la viande hachée, le basilic non découper, et le persil hachée finement, puis tomate, poivrons, oignons en rondelles etrâper une fois de plus le fromage et mettre au-dessus**

RECETTE PATE BRISE

INGRÉDIENTS

1X | 2X | 3X

- 75 g de beurre
- 1/2 cc de sel
- 150 g de farine
- 1 cc de sucre vanillé pour les desserts uniquement
- 50 g d'eau tiède

PRÉPARATION

1. Mettre tous les ingrédients dans le bol et régler 30 sec / fonction Epi.
2. Mixer 10 secondes, fonction sens inverse, vitesse 2 afin de décoller la pâte du bol et la sortir.

RECETTE PATE A PIZZA

Ingrédients

- Pour une pâte d'environ 760 g :
- 500 g de farine T55. Le mieux est d'utiliser une véritable farine italienne riche en gluten la farine manitoba ou un mélange des deux (300 g de T55 et 200 g de manitoba)
- 250- 260 ml d'eau
- 1 cuillerée à café de sel
- 2 cuillerées à soupe d'huile d'olive
- 20 g de levure de boulanger fraîche (1/2 cube de 42 g) ou 10 g de levure de boulanger sèche.

Ustensiles

- 1 saladier
- 1 plan de travail

Préparation

1. Verser la farine dans un saladier, y creuser un puits et ajouter eau et sel. Mélanger à la spatule en ajoutant l'huile d'olive
2. Dans un petit bol, faire fondre la levure dans un peu d'eau tiède avec 1 pincée de sucre puis l'ajouter en dernier
3. Malaxer jusqu'à rendre la pâte homogène et faire une boule qui se détache des parois. Note : si besoin ajuster la quantité d'eau si la pâte est un peu dure en en rajoutant quelques gouttes au fur et à mesure car la quantité exacte dépend de la farine ;-)
4. Mettre un torchon dessus et laisser reposer à température ambiante/ tiède pendant 1 h environ, le temps que la pâte double de volume
5. Pétrir à nouveau la pâte juste pour chasser le gaz puis la diviser en 3 pâtons (d'environ 250/260 g), ou 4... selon son utilisation et les étaler sur une plaque de cuisson huilée. Laisser reposer une bonne 1/2 h puis garnir selon la recette de pizza choisie ! Voir plus bas des exemples de recettes de pizzas dans la rubrique "Pour terminer".

pâtisserie
Arielle & Bradong
659 21 23 84
651 63 60 55

ACOLPSESCO
Un enfant un avenir dans
un environnement serein

Grand merci vicky pour ton travail pour ce livre et un bravo à cette personne pour son amour pour la Pâtisserie

Quiche Lorraine

Institut de formation hôtellerie professionnel BOANERGES

pour plus de recettes et d'astuces contacter nous au

numero +237 659 212 384

facebook bradong azangue

page facebook patissserie arielle et bradongyoutube

youri officiel

tik tok bradongazangue488

Printed by Books on Demand GmbH, Norderstedt / Germany